www.ingramcontent.com/pod-product-compliance
Lightning Source LLC
LaVergne TN
LVHW021050100526
838202LV00082B/5422
* 9 7 8 8 1 9 5 9 8 8 6 2 4 *

محمد قلی قطب شاہ

کی جیون کہانی

مرتبہ:
وِقار خلیل

© Viqar Khaleel

Muhammad Quli Qutb Shah ki jeevan kahani
by: Viqar Khaleel
Edition: November '2022
Publisher & Printer:
Taemeer Publications, Hyderabad.

ISBN 978-81-959886-2-4

مصنف یاناشر کی پیشگی اجازت کے بغیر اس کتاب کا کوئی بھی حصہ کسی بھی شکل میں بشمول ویب سائٹ پر اَپ لوڈنگ کے لیے استعمال نہ کیا جائے۔ نیز اس کتاب پر کسی بھی قسم کے تنازع کو نمٹانے کا اختیار صرف حیدرآباد (تلنگانہ) کی عدلیہ کو ہو گا۔

©وِقار خلیل

کتاب	:	**محمد قلی قطب شاہ کی جیون کہانی**
مصنف	:	**وِقار خلیل**
صنف	:	تحقیق
ناشر	:	تعمیر پبلی کیشنز (حیدرآباد، انڈیا)
زیر اہتمام	:	تعمیر ویب ڈیولپمنٹ، حیدرآباد
ترتیب / تہذیب	:	مکرم نیاز
سالِ اشاعت	:	۲۰۲۲ء
تعداد	:	(پرنٹ آن ڈیمانڈ)
طابع	:	تعمیر پبلی کیشنز، حیدرآباد – ۲۴
صفحات	:	۳۶
سرورق ڈیزائن	:	مکرم نیاز

فہرست

ایک بات	وقار خلیل	7
باب(۱) قطب شاہی خاندان		9
باب(۲) محمد قلی کی پیدائش اور تعلیم		10
باب(۳) شہر حیدر آباد بسانا		12
باب(۴) عیدوں اور تہواروں کا حال		16
باب(۵) بغاوتوں اور لڑائیوں کا تذکرہ		20
باب(۶) محمد قلی کی گھریلو زندگی		26
باب(۷) محمد قلی کی بیماری اور موت		27
باب(۸) محمد قلی کی نیکیاں		29
باب(۹) محمد قلی کی شاعری		31
باب(۱۰) محمد قلی: نظم از نجم آفندی		34

ڈاکٹر بی گوپال ریڈی
کے نام

ایک بات

وِقار خلیل

شہر حیدر آباد بسانے والے، اردو زبان کے بڑے شاعر (جن کی نظموں کا بھاری مجموعہ موجود ہے) اور ہندو مسلم ایکتا کے پجاری، سلطان محمد قلی قطب شاہ کی یاد ۱۱ر جنوری سے ۱۳ر جنوری ۱۹۵۸ء تک "ادارۂ ادبیات اردو" کی نگرانی میں شاندار طریقے پر منائی گئی۔

محمد قلی قطب شاہ کو شردھانجلی پیش کرتے ہوئے آندھرا پردیش کے گورنر شری بھیم سین سچر نے فرمایا کہ: "محمد قلی انسان کی صورت میں فرشتہ تھے۔ وہ اکبر، جہاں گیر اور شاہ جہاں کی طرح بہت بڑے بادشاہ تھے۔ جن کے راج میں ہندو اور مسلمان شیر و شکر کی طرح مل جل کر رہتے تھے۔ کبھی کوئی کسی سے لڑتا جھگڑتا نہیں تھا، ہمیں بھی چاہیے کہ اسی طرح کی آپسی بھائی چارگی اور پریم اور محبت کو باقی رکھیں"۔

اس یادگار تقریب کے ختم پر یہ خیال میرے دل میں کروٹیں لینے لگا کہ اس عظیم بادشاہ پر بچوں کے لیے ایک معلوماتی، دلچسپ اور مختصر کتاب لکھی جائے۔ ایک دن میرے کرم فرما ڈاکٹر زورؔ نے باتوں باتوں میں فرمائش کی کہ: "آپ پندرہ دن کے اندر بچوں کے لیے محمد قلی قطب شاہ پر ایک مختصر کتاب لکھ دیجیے"۔ بس کیا تھا، من کی مراد پوری ہوئی۔ یہ کتاب اصل میں محترم ڈاکٹر زورؔ کی بہترین تحقیقی

تصنیف "حیات محمد قلی قطب شاہ" کے پڑھنے کے بعد بچوں اور اَن پڑھ بالغوں کے لیے آسان زبان میں لکھی گئی ہے۔

بچوں کے ادب میں معلوماتی اور تعلیمی کتابوں کی بہت کمی رہی ہے۔ اب جبکہ سوچنے اور سمجھنے کے ڈھنگ بدل چکے ہیں، سائنس کی دوڑ اور مصنوعی سیاروں کے یُگ میں چندا ماموں تک پہنچ آسان بات ہو گئی ہے اور آنے والے زمانے کے بچوں کو ان کی دادی اماں اور نانی بی "چندا ماموں دور کے، ہم کو دیکھیں گھور کے" یا پھر "آؤ نہیں تو روتا ہوں، تم نہ آئے سوتا ہوں" کہہ کر بہلا نہیں سکیں گی، بلکہ یہ بچے خود وہاں پہنچ کر چندا ماموں کی نگری میں گھومیں گے، پھریں گے اور وہاں کے بچوں سے پریم اور دوستی کے ہاتھ ملائیں گے۔

نئے زمانے کی ضرورتوں کو پرانے واقعات کس طرح روشنی دکھاتے ہیں؟ اس کی ایک مثال آج کے عوامی دور میں محمد قلی کی اس "جیون کہانی" کے پڑھنے سے پوری طرح سامنے آ جائے گی۔ مجھے امید ہے یہ کتاب بچوں کی تعلیمی دلچسپیوں کے لیے مفید اور کام کی چیز ہو گی۔ اور بچے اپنے بڑوں کے اچھے کاموں کو قبول کر کے نئی زندگی کے ڈگر پر ویرتا اور دلیری کے ساتھ بڑھتے چلیں گے۔

وِقار خلیل

ایڈیٹر بچوں کا رسالہ "انعام"

سلطان شاہی، حیدرآباد دکن

۱۲/ مارچ ۱۹۵۸ء

قطب شاہی خاندان

سلطان محمدؐ قلی، قطب شاہی سلسلے کے پانچویں بادشاہ تھے، ان سے پہلے اس خاندان کے چار بادشاہ، ابراہیم قلی، سبحان قلی، جمشید قلی اور سلطان قلی گولکنڈہ میں تخت نشین ہو چکے تھے۔

محمدؐ قلی کے دادا، سلطان قلی ترکستان کے بہت بڑے اور اونچے درجے کے رئیس تھے۔ اُن کے قبیلے کے لوگوں نے کئی سال تک مغربی ایران پر راج کیا۔ خاندانی لڑائی جھگڑوں کی وجہ سے محمدؐ قلی کے دادا لاچار اپنے چچا کے ساتھ ہندوستان کی طرف چل نکلے اور بیدر پہنچے۔ ان دنوں بیدر میں سُلطان محمود شاہ بہمنی کا راج تھا۔ محمد قلی کے دادا نے محمود شاہ بہمنی کی حکومت میں نوکری کرلی اور تلنگانہ کے صوبہ دار ہوئے۔ محمودُ شاہ بہمنی کی حکومت کے خلاف جب دوسرے صوبہ داروں نے بغاوت کردی تو سلطان قلی ایک وفادار صوبہ دار کی طرح محمودُ شاہ کے حامی رہے۔ محمودُ شاہ کے مرنے کے بعد گولکنڈہ کی آزادی کا اعلان کیا اور قطب شاہی سلطنت کی بنیاد ڈالی۔

قطب شاہی خاندان نے اپنی حکومت کے زمانے میں ہندو مسلم دوستی اور رعایا کی بھلائی کے لیئے بہت سے اچھے کام کیئے۔ سلطان قلی کے والد ابراہیم قلی کا زمانہ بھی شاندار رہا۔ گولکنڈہ میں اُس نے ہندو رعایا کی بڑی خدمت کی اور تلگو کے شاعروں اور ادیبوں کی بھی ایسی قدردانی کی کہ پُرانا تلگو ادب اس کی تعریف سے بھرا

ملتا ہے۔ ابراہیم قلی کے دربار میں بڑے بڑے ہندو امیر اور سپہ سالار موجود تھے۔ اور محلات میں بہت سی تلنگن عورتیں بھی کام کرتی تھیں۔

محمد قلی قطب شاہ کی پیدائش اور تعلیم

حیدرآباد شہر بسانے والا' اور چار مینار جیسی عظیم تاریخی عمارت کا جنم داتا' اردو زبان کا پہلا صاحب دیوان شاعر' سلطان محمد قلی قطب شاہ ۴ اپریل ۱۵۶۶ء کو پیدا ہوا' جیسا کہ شاہی گھرانوں میں پیدائش کی خوشیاں منائی جاتی ہیں اُسی طرح اس بلند اقبال شہزادے کی پیدائش پر خوب رنگ رلیاں رچائی گئیں۔ ان رنگ رلیوں کے بارے میں محمد قلی کی زندگی کے حالات پر روشنی ڈالتے ہوئے ملا وجہی نے بہت کچھ لکھا ہے۔ جن میں سے کچھ باتیں یہ ہیں :۔ "ابراہیم قلی نے اپنے بیٹے کی پیدائش پر اتنی خیرات کی کہ انہوں نے سونے کا ایک نیا آسمان بنا ڈالا اور خود آسمان کو بھی خیرات میں اتنا زیادہ سونا دیا گیا کہ وہ اس کو رکھنے کے لئے جگہ ڈھونڈنے کے لئے رات دن چکر لگا رہا ہے اور زمین کو بادشاہ نے اتنی دولت بخش دی کہ وہ اُس کے لئے آسمان سے جگہ مانگ رہی ہے اور اس قدر سونا رعایا میں بانٹا گیا کہ وہ اب مٹی سے بھی سستا ہوگیا اور اپنی بے عزتی و کم قیمتی کے غم میں پیلا پڑ گیا۔" اس کا مطلب یہ ہے کہ محمد قلی کے جنم دن پر بہت خیر خیرات کی گئی اور جی بھر کر خوشیاں منائی گئیں۔

نجومیوں اور رمّالوں نے شہزادہ قلی کا زائچہ بنا کر اُس کی خوش قسمتی، ترقی اور بڑے آدمی ہونے کی پیشین گوئی کی۔ جب یہ ہونہار شہزادہ بڑا ہوا تو مدرسے میں بٹھایا گیا۔ خاص اُستادوں کی نگرانی میں اس کی تعلیم اور تربیت ہوئی۔ یہ بچپن میں بہت ذہین اور چالاک تھا۔ کہتے ہیں کہ استادوں کو سبق دیتا تھا۔ اُس نے خوش خط لکھنا انتہائی شوق سے سیکھا اور ساتھ ہی ساتھ کشتی لڑنا اور دوسرے جسمانی کرتب بھی زیادہ دلچسپی سے سیکھے۔ لیکن تعلیم کی طرف اُس نے بہت کم توجہ دی۔ کیونکہ وہ بچپن ہی سے شعر کہنے لگا تھا۔

مُلّا وجہی نے شہزادہ محمدؐ قلی کا ناک نقشہ بھی لکھ دیا ہے۔ جس کے پڑھنے سے معلوم ہوتا ہے کہ وہ بچپن میں بہت خوب صورت اور چھریرے بدن کا تھا، اس کا رنگ سفید، بال کالے، دہانہ چھوٹا اور آنکھیں بڑی تھیں۔

راج گدّی پر بیٹھنا

محمدؐ قلی کے باپ ابراہیم قلی قطب شاہ ۲۴ر جون ۱۵۸۰ء کو دنیا سے چل بسے اُس وقت شہزادہ ۱۴ برس، سات ماہ اور آٹھ دن کا تھا، باپ کی وصیت کے مطابق محمدؐ قلی قطب شاہ کو ۲۵ر جون ۱۵۸۰ء کو جمعہ کے دن راج گدّی پر بٹھایا گیا۔ اُس دن گولکنڈہ کے ہندو اور مسلمان امیروں اور رعایا نے جی بھر کر خوشیاں منائیں خود محمدؐ قلی بھی بہت خوش تھا کہ وہ جمعہ ہی کے دن پیدا ہوا تھا اور اُسی دن اسے راج گدّی بھی ملی۔ اُس نے جی کھول کر

انعامات بانٹے۔ امیروں، سپاہیوں، سیدوں اور عالموں کو تو خلعتیں اور بڑے بڑے تحفے دیئے لیکن غریبوں اور لاچاروں کو بھی اپنی خیرات اور بخشش سے الگ نہ کیا بلکہ اتنا دیا کہ غریب دکھی اور خوش حال ہو گئے۔ بچپن ہی سے محمدؐ قلی سخی دل تھا اور کم عمر بادشاہ ہوتے ہوئے بھی اُس نے انصاف کی طرف خاص توجہ دی اور اسی انصاف اور رعایا پروری کی وجہ سے اُس کے اقبال کا ستارہ چمکنے لگا۔

راج گدی پر بیٹھنے کے بعد محمدؐ قلی نے "ابوالمظفر سلطان محمدؐ قلی قطب شاہ" اپنا پورا نام رکھا اور وہ اسی نام سے قطب شاہی تاریخوں میں یاد کیا جاتا ہے۔ محمدؐ قلی کا عقیدہ تھا کہ وہ پیدائش سے اپنے نبی حضرت محمدؐ صلعم کا قلی یعنی غلام ہے اور اسی غلامی کی وجہ سے وہ دنیا میں پھلا پھولا۔ اُس نے اپنے شعروں میں لکھا ہے کہ دوسرے بادشاہ اپنی سلطنت اور دھن دولت پر گھمنڈ کرتے ہیں لیکن میں صرف "محمدؐ" کے نام اور ان کا غلام ہونے پر فخر کرتا ہوں۔ اسی وجہ سے میں بچپن سے کامیاب ہوا اور آج ایک اقبال مند بادشاہ ہوں۔

شہر حیدرآباد بسانا

محمدؐ قلی قطب شاہ کی راج دھانی گولکنڈہ تھی۔ اس کی انصاف پسندی اور خیر خیرات نے رعایا پر اچھا اثر چھوڑا اور خاص و عام دور دور سے کھچ کر آنے لگے تو راج دھانی گولکنڈہ

میں اور آبادی کی گنجایش نہ رہی۔ سب سے پہلے وہاں کے امیروں نے اپنے باغ اور محل موسیٰ ندی کے کنارے بنائے۔ اس طرح آبادی بڑھنے لگی، یہاں تک کہ سلطان محمد قلی نے آج سے ۳۶۷ سال پہلے ۱۵۹۱ء میں سرکاری طور پر ایک شاندار شہر "حیدرآباد" کی نیو رکھی۔ اس طرح اس تاریخی شہر میں محمد قلی کے ہاتھوں "چار مینار" کی بھی بنیاد رکھی گئی۔

چار مینار ۱۸۶ فٹ اونچی عمارت ہے، جس کے اوپر ایک مسجد اور ایک مندر بنایا گیا۔ چار مینار پر مسجد اور مندر کا بنایا جانا بادشاہ کے انصاف اور ہندو مسلم ایکتا کی کبھی نا جھٹلائی جانے والی حقیقت سمجھی جاتی ہے۔ کہتے ہیں کہ چار مینار کی تعمیر میں تین لاکھ روپیوں کا خرچ آیا۔ چار مینار کے ساتھ ہی اس نئے شہر میں چار بازار اور چودہ ہزار دوکانیں بھی بنائی گئیں۔

محمد قلی قطب شاہ نے جس چاؤ اور محبت سے حیدرآباد بسایا اُس کا اندازہ خود اس کے کلام سے ہوتا ہے چنانچہ وہ ایک جگہ اپنی نظم "مناجات" میں خدا سے جہاں بہت سی باتوں کی دُعا کرتا ہے، وہیں اپنے شہر کی آبادی کے لئے بھی دُعا کرتے ہوئے کہتا ہے کہ "اے خدا! تو میرے شہر کو لوگوں سے اس طرح بھرپور رکھ جس طرح تو نے سمندروں کو مچھلیوں سے بھر دیا ہے"۔

پھر دھیرے دھیرے بازار، محلے اور محل تعمیر کئے جانے لگے۔ اور شہر حیدرآباد کو محمد قلی نے اس طرح سجایا جس طرح ایک

انگوٹھی میں نگینہ سجتا اور بھلا معلوم ہوتا ہے۔ سب سے پہلے چار مینار کے شمال مغرب کی طرف "دولت خانۂ عالی" بنایا گیا۔ جس کے جلو خانہ میں چاروں طرف چار اونچی کمانیں کھڑی کی گئیں۔ اور ایک آٹھ پہلو حوض بنایا گیا تاکہ فوجیوں اور ان کے جانوروں کو پانی مل سکے۔ جلو خانہ کے مغرب میں شاہی محلات کی بنیاد رکھی گئی اور دولت خانہ عالی کی ساٹھ فٹ اونچی اور چھ فٹ چوڑی کالے پتھر کی کمان پر ۳۶ فٹ کا ایک اور پتھر رکھ کر چوکھٹ بنائی گئی۔ جس میں صندل، ہاتھی دانت اور سونے کا ایک دروازہ لگایا گیا۔ دولت خانۂ عالی میں چھوٹے بڑے کئی محلات بھی بنائے گئے۔ یہ محلات قطب شاہی راج کے بعد توڑ دیئے گئے۔

محمد قلی قطب شاہ نے اپنے کلام میں سب سے پہلے "خداداد محل" کی تعریف لکھی ہے جس کے پڑھنے سے معلوم ہوتا ہے کہ یہ آٹھ منزلہ محل حیدرآباد کا سب سے بڑا اور شاندار محل تھا جو کھلا اور ہوادار ہونے کی وجہ سے آپ اپنا نمونہ تھا۔ افسوس کہ یہ محل سلطان محمد کے زمانے میں جل گیا۔ تاریخ لکھنے والوں کا کہنا ہے کہ یہ محل فن تعمیر اور کلا کی ایک نمایش گاہ تھا۔ اس میں کتب خانہ اور کلاکاروں کے چتر جمع تھے۔

"محل کوہِ طور" کے نام سے ایک اور شاندار محل بھی بنایا گیا، جہاں اب قصر فلک نما ہے۔ اس کی تعریف میں محمد قلی نے لکھا ہے کہ "یہ محل اپنی اونچائی اور روشنی کی وجہ سے

ساتویں آسمان کا قطب تارا معلوم ہوتا ہے اور اس کے اطراف جو میدان ہے وہ اتنا نورانی اور حسین ہے کہ اس کے مقابلے میں چاند اور سورج بھی خود کو بے رونق سمجھ کر اس کو دیکھنے کے لئے روزانہ بے تاب ہو کر آتے رہیں گے۔ اس تعریف سے یہ معلوم ہوتا ہے کہ واقعی یہ محل، اپنی جگہ اور اونچائی کے اعتبار سے آپ اپنا نمونہ رہا ہوگا۔ اسی طرح "چندن محل"۔ "گگن محل"۔ "خداداد محل"۔ "ندی محل"۔ "سجن محل" اور "حنا محل" جیسی شاندار عمارتیں محمد قلی قطب شاہ نے اپنے زمانے میں تعمیر کروائی تھیں۔

یہی نہیں، اس نے کئی ایک باغات بھی تعمیر کرائے تھے، جن کے اطراف چار دیواری ہوتی تھی، جس پر سے تمام درخت اور ان کے پھل پھول نظر آتے تھے۔ چار دیواری کے ساتھ ساتھ سڑک بنائی جاتی، جہاں سے باغ کے خوبصورت مناظر دکھائی دیتے تھے۔ اور جس پر اس کے پھولوں کی خوشبو مہکتی رہتی۔ باغوں میں "باغ محمد شاہی" کا ذکر سلطان محمد قلی نے اپنی ایک نظم میں تفصیل کے ساتھ کیا ہے اور ایک جگہ لکھا ہے کہ "سڑک سے جب میں باغ کو دیکھتا ہوں تو خوشی سے میرے دل کی کلی کھل جاتی ہے اور اس کی خوشبو سے دنیا مہکنے لگتی ہے۔۔۔"

حیدرآباد کے بہت سے بازاروں میں دونوں طرف پانی کی نہریں بھی بنوائی گئی تھیں اور ان کے کنارے سایہ دار درخت

لگائے گئے تھے، افسوس ہے کہ محمد قلی کے بنائے ہوئے محل آج باقی نہیں ہیں۔ لیکن جو محل گولکنڈہ کے قلعہ میں اب تک ٹوٹی پھوٹی حالت میں موجود ہیں اُن کو دیکھنے سے معلوم ہوتا ہے کہ چھ چھ سات سات منزلہ عمارتوں پر بھی اُوپر تک پانی پہنچانے کے انتظامات کئے گئے تھے اور بعض محلوں کی چھتوں پر اب تک حوض موجود ہیں۔ چمنوں اور نہروں کے علاوہ محمد قلی قطب شاہ نے کئی حمام، مسجدیں، عاشور خانے، لنگر خانے، کاروان سرائیں اور دواخانے بھی بنائے تھے۔

عیدوں اور تہواروں کا حال

سلطان محمد قلی قطب شاہ ایک بڑا شاعر، ایک بڑے شہر کا بسانے والا ہونے کے علاوہ، اونچے درجے کا دیش بھگت رعایا پرور، فیاض، اور رحم دل بھی تھا۔ اس کے راج میں کئی عیدیں اور تہوار بڑی شان و شوکت سے منائے جاتے تھے۔

محرّم کی مجلسیں قطب شاہی زمانے کی تاریخ کے پڑھنے سے معلوم ہوتا ہے کہ حیدرآباد میں محرم کے تقریبوں کی ابتدا محمد قلی نے ہی کی تھی۔ محرم کے دنوں میں کیا ہندو، کیا مسلمان سبھی حصہ لیتے تھے اور ان دنوں سرکاری حکم کے ذریعے باجے گاجے اور گانے بجانے بند کر دئے جاتے تھے۔ ساری رعایا "امام حسین" کے غم میں سوگوار ہوتی اور علم بٹھائے جاتے تھے۔ بادشاہی عاشور خانہ ۱۵۹۴ء

میں محمدؐ قلی نے تعمیر کرایا جو اب تک موجود ہے ۔ محرم میں مجلسیں ہوتی تھیں ، دس دن تک سوگ منایا جاتا تھا ، مجلسوں اور ماتم میں خود بادشاہ بھی شریک ہوتا تھا ۔ اور کربلا کے ویر شہیدوں پر فاتحہ پڑھتا تھا ۔ محرم کی دسویں یعنی شہادت کے دن بادشاہ کی سواری نکلتی تھی ۔ عوام کا بالکل ایسا ہی ہجوم ہوتا جیسا کہ آج کل "بی کے عَلَم" کی سواری کے وقت ہوتا ہے ۔

عید میلاد کا جشن

اسی طرح حضرت محمدؐ کی پیدائش پر عید میلاد کا جشن منایا جاتا تھا ، محل سجائے جاتے اور قسم قسم کے دسترخوان چُنے جاتے تھے ۔ شہر کو دلہن کی طرح سجایا جاتا اور جب عصر کے وقت ہاتھی پہ بادشاہ کی سواری نکلتی تو امیر ، اُمرا ، غریب ، غربا سبھی پیادہ چلتے ۔ جب لوگوں کی نگاہیں بادشاہ پر پڑتیں تو وہ دُعائیں دینے لگتے ۔ شام کے وقت شاہی محل میں رعایا کو کھانا کھلایا جاتا اور ہر طرف روشنی کی جاتی اور ناچ رنگ کی محفلیں ہوتی تھیں ۔ محمدؐ قلی قطب شاہ ہر سال عید میلاد کے موقع پر تازہ نظم بھی کہتا تھا ۔

شب برات

اسی طرح "شب برات" میں بھی وہ جی کھول کر چراغوں اور آتش بازیوں میں مصروف ہو جاتا ۔ محمدؐ قلی نے شب برات پر بہت سی نظمیں لکھی ہیں ۔ اس طرح کے عیدوں اور تہواروں کا حال تاریخ

سے کہیں زیادہ تفصیل کے ساتھ اس کی نظموں میں ہمیں ملتا ہے جو "کلیاتِ محمد قلی" میں چھپی ہیں۔

رمضان اور بقر عید

جب رمضان کا مبارک چاند نظر آتا تو بادشاہ روزے رکھتا اور محلات کی بیگمات بھی نماز روزے کی پابند ہوجاتیں۔ رمضان کے تیس دن گزر جانے کے بعد جب شوال کا چاند آسمان پر نظر آتا تو خوشیاں منائی جاتیں اور عیش و عشرت کے شادیانے بجنے لگتے۔ مصری پستے، بادام، دودھ اور کھجور منگوائے جاتے، شیرمال، شیرخرما اور سیویاں پکائی جاتیں۔

اسی طرح محمد قلی کے کلام میں بقر عید سے متعلق بھی بہت سی معلومات ملتی ہیں۔ اس عید میں عام لوگوں کو دعوتیں دی جاتیں، قربانی کا گوشت اور سیخوں کے کباب کھلائے جاتے اور بچوں میں عیدی بانٹی جاتی تھی۔

جشن نوروز اور بسنت

سلطان محمد قلی نے عیدوں اور تہواروں کو ہندو مسلم ایکتا کا ذریعہ سمجھا اور ملک میں ایسی حالت پیدا کردی تھی کہ سب مذہبوں کے لوگ اسے چاہتے تھے۔ اس کے زمانے میں نوروز، بسنت اور برسات کے شروع میں مرگ کا جشن جیسے تہوار بھی منائے جاتے تھے جس میں خود بادشاہ شریک ہوتا تھا۔ ان تہواروں پر محمد قلی نے بہت سی نظمیں لکھی ہیں اور ان کے منائے جانے کی غرض کو بیان کیا ہے۔

"جشن نوروز" نئے سال کے پہلے دن پر منایا جاتا تھا اور "بسنت کا تہوار" بہار کے موسم کی آمد پر، جب کہ کثرت سے پھول کھلتے تھے اور سارا جنگل ہرا بھرا ہوجاتا تھا۔ بسنت کے تہوار کے دن گولکنڈہ میں شاندار میلہ لگتا اور ہندو عورتیں پھولوں کی ٹوکریاں لیئے ہوئے گاتی جاتی تھیں۔ چار سو سال گزرنے پر بھی یہ تہوار اور میلہ گولکنڈہ میں اب بھی لگتا ہے اور اُسی طرح کی چہل پہل اور رونق رہتی ہے۔

برسات کے شروع ہونے یعنی مرگ بیٹھنے کے دنوں میں بھی عید منائی جاتی تھی۔ دھوم دھام کی مجلسیں ہوتی تھیں۔ اور ناچ، گانے کے پروگرام بنتے تھے۔ بادشاہ اِس موسم کی کیفیت پر ہر سال نئی نظمیں لکھتا تھا۔

اپنی سالگرہ محمدؐ قلی اپنی سالگرہ کی تقریب بھی عیدوں اور تہواروں کی طرح بڑی دھوم دھام سے مناتا تھا۔ اگرچہ یہ اُس کی گھریلو اور خانگی تقریب ہوتی مگر ہر طبقہ اور ہر قوم کی رعایا اس تقریب کو قومی عید کی طرح مناتی تھی۔ سالگرہ کے دن سب شاہی محلات کو آراستہ کیا جاتا، بڑے بڑے شامیانے تانے جاتے۔ روشنی کی جاتی، باجے بجائے جاتے اور آتش بازی چھوڑی جاتی تھی۔ بادشاہ چمکیلا لباس پہنے، سر پر شاہی تاج رکھے جب تخت پر بیٹھتا تو اس کے سر پر سہرا باندھا جاتا اور تمام لوگوں میں مشک اور زعفران لگایا جاتا۔ پھر بادشاہ

کو مصری چبانے کے لئے دی جاتی۔ اس کے بعد نظر اتاری جاتی اور ہیرے جواہرات نچھاور کئے جاتے۔ بادشاہ کے مصری چبانے کے ساتھ ہی رعایا میں مصری بانٹی جاتی تھی اور ناچ گانا شروع ہوتا تھا۔ کہتے ہیں کہ دعوت میں اتنے پھول پان تقسیم ہوتے کہ ان کا خرچ لکھنا مشکل تھا۔

بادشاہ کی سالگرہ کے دن سارے ملک میں ہر فرقے اور ہر مذہب کے ماننے والے سجدے کرکے یا ہاتھ اٹھا اٹھا کر اس کی زندگی کے لئے دعائیں کرتے تھے۔ خود بادشاہ اپنی سالگرہ کے دن خدا کا سچا شکر گزار بندہ بن جاتا تھا۔ اپنی سالگرہ پر اس نے کئی نظمیں لکھی ہیں۔ یہ باتیں بھی اس کی نظموں میں ہمیں ملتی ہیں۔

بغاوتوں اور لڑائیوں کا تذکرہ

اب تک محمد قلی قطب شاہ کی امن پسند زندگی اور اس کے حکومت کی مسرتوں کے بارے میں بتھایا گیا۔ یہ تو سبھی جانتے ہیں کہ ہر بادشاہ کو عیش و آرام کے ساتھ لڑائی جھگڑوں سے بھی واسطہ پڑتا رہا ہے۔ محمد قلی جہاں رائگ رنگ کا شیدائی تھا وہیں وہ ایک کامیاب اور فتح مند بادشاہ بھی تھا۔ اس کے تخت پر بیٹھنے کے زمانے میں گولکنڈہ کی فوجیں نظام شاہیوں کی مدد کرنے کے لئے

بیجاپور کی سلطنت سے لڑ رہی تھیں، نلدرگ کو گھیرے میں لے رکھا تھا اور سخت لڑائی ہو رہی تھی۔ محمد قلی راج گدی پر بیٹھنے کے فوراً بعد جنگ کے میدان کی طرف چل کھڑا ہوا۔ اس کے آنے کی خبر سے فوجوں میں جان پڑ گئی۔ اور نلدرگ کا قلعہ فتح ہوتے ہوتے رہ گیا۔ محمد قلی کی امن پسند طبیعت نے حالات کو بگڑنے نہ دیا اور صلح ہو گئی۔

۱۵۸۱ء میں گولکنڈہ کے دوسرے مخالفوں سے جھڑپ چل گئی، قطب شاہی فوجوں نے بہادری سے مقابلہ کیا۔ اور ایسی جان توڑ لڑائی لڑی کہ ایک ہزار دشمنوں کو قید کر لیا اور ایک ہزار سپاہیوں کو موت کے گھاٹ اتار دیا گیا۔ اس طرح سب باغی جنگ کے میدان میں ختم ہو گئے اور فوجیں جیت کے ساتھ گولکنڈہ واپس ہو گئیں۔

موسل مرگ کے قلعہ پر حملہ

۱۵۹۴ء میں پھر ایک بغاوت ہوئی، ان دنوں سلطان محمد قلی شہر حیدرآباد کی تعمیر میں مصروف تھا۔ ملک میں امن و امان تھا مگر اس بغاوت کو ختم کرنے کے لیے قطب شاہ کو نکلنا پڑا۔ سب سے پہلے اس نے موسل مرگ کے قلعہ پر حملہ کیا، جب قلعہ فتح ہو گیا اور قطب شاہی سپاہیوں نے اندر گھس کر قتل و خون کا بازار گرم کیا تو محمد قلی

اِس خبر کو سُن کر سخت ناراض ہوا اور رحمدل نیک مزاج بادشاہ نے خون خرابے سے منع کیا۔ جتنے لوگ قتل ہونے سے بچ رہے تھے قلعہ سے نِکل کر بادشاہ کے قدموں پر آگرے اور اطاعت قبول کرلی۔

وِجیانگر پر چڑھائی

اسی سال قطب شاہ نے میر جملہ ملک امین الملک کو فوج کے چند سرداروں کے ساتھ وجیانگر کے راجہ کے مقابلہ کے لیئے روانہ کیا، جو اپنی طاقت پر ناز کرتا تھا۔ امین الملک کے جانے کے بعد خود محمدؐ قلی بھی اِن قلعوں کی طرف روانہ ہوا۔ جب وجیانگر کے راجہ کو ان فوجوں کے آنے کی خبر لی تو اُس نے فرماں بردار رہنے اور مالگزاری ادا کرنے کی درخواست اور قلعہ کی کنجیاں پیش کیں اور صلح ہوگئی۔

محمدؐ قلی کی حکومت کے زمانے میں اس کے فرماں برداروں نے جب بھی بغاوت کی، اُنہیں دبا دیا گیا اور ہر میدان پر قطب شاہی فوجوں نے فتح کے جھنڈے گاڑھ دیئے اور محمدؐ قلی کی رحم دِل طبیعت نے خون خرابے کو پھیلنے نہ دیا۔

عَلم خاں کی بغاوت

۱۵۹۵ء میں جب محمدؐ قلی کے ایک بہادر سپہ سالار عَلم خاں نے چند جاگیرداروں کو اپنا موافق بناکر بغاوت کردی۔ اِس بغاوت کو کچلنے کے لیئے محمدؐ قلی نے اپنے سپاہیوں کو تیاری کا حکم دیا اور امین الملک سپاہیوں کو لیئے عَلم خاں کی جاگیر

پہنچا۔ جب اِس کی اِطلاع علم خاں اور دُوسرے جاگیرداروں کو ہوئی تو وہ بہت پریشان ہوئے اور سب سامان چھوڑ کر مقابلہ کیے بغیر بیجانگر بھاگ گئے۔

بھائی کی بغاوت

سات، آٹھ سال کے امن اور شانتی کے بعد محمدؐ قلی کی زندگی میں اُس کے سگے بھائی خدابندہ نے ۱۶۰۸ء میں بغاوت کر کے بھر ونگا فساد پیدا کیا۔ خدا بندہ، محمدؐ قلی سے تین سال چھوٹا تھا اور اِس کے تخت پر بیٹھنے کے بعد سے لگ بھگ پچیس سال تک بھائی کی نگرانی میں امن اور اطمینان کی زندگی گزار رہا تھا۔ اُسے اُمید تھی کہ بھائی کے بعد وہ بادشاہ بنایا جائے گا کیونکہ محمدؐ قلی کا وہ ایک ہی سگا بھائی تھا اور بادشاہ کے کوئی لڑکا بھی پیدا نہیں ہوا تھا۔ لیکن جب ۱۶۰۷ء میں محمدؐ قلی نے اپنی بیٹی حیات بخشی بیگم کی شادی کر دی۔ اور اُس کے بعد سے داماد کی راج گدی کا سوال پیدا ہوا تو شہزادہ خدابندہ کی اُمیدوں پر پانی پھر گیا اور وہ بھائی کے خِلاف بغاوت پر اُتر آیا، حالانکہ محمدؐ قلی خدا بندہ کو بہت چاہتا تھا۔

محمدؐ قلی کے خاص اور بھروسے کے نوکر چاکر اور درباری اُس کے بھائی خدا بندہ کے ساتھ چھپی سازشیں کرنے لگے۔ اور راج پاٹ چھیننے کے پروگرام بنائے جانے لگے۔ جیسے ہی اس سازش اور بغاوت کی خبر محمدؐ قلی کو ہوئی، اُس نے

سازش کرنے والوں کو گرفتار کرلیا اور کڑی سزائیں دیں۔ اور خدا بندہ کو گرفتار کرکے گولکنڈہ کے قلعہ میں رکھا گیا یہ شہزادہ بھائی کی زندگی میں دو تین سال قید رہا اور ۱۶۱۱ء میں انتقال کر گیا۔ بھائی کی بغاوت نے محمد قلی قطب شاہ کو بڑا دکھ پہنچایا، کیونکہ اس کو اپنے بھائی سے ایسی امید نہیں تھی۔ امیروں اور نوکروں کی سازش سے اس کی صحت کو بڑا دھکا لگا اور وہ اس واقعہ کے چودہ پندرہ مہینوں بعد دنیا سے چل بسا۔

صلح پسند بادشاہ

محمد قلی قطب شاہ کے راج میں جتنی بھی لڑائیاں لڑی گئیں، ان سے پتہ چلتا ہے کہ وہ ایک بڑے دل اور دماغ کا بادشاہ تھا۔ لڑائیوں کے اسباب، مقابلوں کے لئے فوری تیاری اور جنگ کے وقت فوجی مدد کا انتظام، سپہ سالاروں اور سرداروں کا انتخاب اور لڑائیوں کے جلد ختم کرنے کے ڈھنگ اور ہارنے والوں کے ساتھ برتاؤ، یہ سب ایسی باتیں ہیں جن پر نظر ڈالنے سے معلوم ہوتا ہے کہ محمد قلی کو ملک گیری کی ہوس تھی اور نہ ہی اس نے لوٹ مار کی خاطر کسی پر حملہ کیا۔

عوام کا چہیتا

محمد قلی کے درباریوں اور نوکروں میں ہمیشہ بہت سے ہندو کام کرتے تھے اور ان میں سے کچھ تو اپنی عقل مندی، ہوشیاری اور بہادری کے

سبب اونچے درجے پر پہنچ گئے تھے۔ بادشاہ کو ان پر پورا بھروسہ تھا۔ چنانچہ اُن کی رائے اور اشارے سے بڑے بڑے مسلمان امیر اور سپہ سالار تک بدل دیئے جاتے تھے۔

محمد قلی اپنی ہندو رعایا اور راجاؤں کے ساتھ ہر وقت پریم اور محبت کا برتاؤ کرتا رہا۔ بعض موقعوں پر تو ایسا معلوم ہوتا ہے کہ وہ ہندوؤں اور مسلمانوں میں کوئی بھید بھاؤ ہی نہیں کرتا تھا۔ وہ ہمیشہ دونوں کے ساتھ برابر کا سلوک کرتا تھا۔ ہندوؤں اور مسلمانوں کو اپنی آنکھوں کا تارا سمجھتا تھا۔ یہ عجیب بات ہے کہ اکثر ہندو راجاؤں اور باغیوں کو کچلنے اور اُن سے مقابلہ کے لئے اُس نے اپنے ہندو امیروں اور بہادروں ہی کو روانہ کیا، جنہوں نے اپنے ہی مذہب والوں کے ساتھ گھمسان کی لڑائیاں لڑیں اور اُن کے راج کاج کو تہس نہس کر دیا۔ رعایا کے ساتھ ایک جیسا پریم اور محبت کا برتاؤ کرنا اور اُن پر بھروسہ رکھنا محمد قلی کی فطرت میں داخل تھا۔ قطب شاہی زمانے کی تاریخ میں ایسے بہت سے واقعات ملتے ہیں، جن کے پڑھنے سے معلوم ہوتا ہے کہ محمد قلی کے زمانے میں گولکنڈہ کے ہندوؤں اور مسلمانوں میں کیسے کیسے جاں نثار، وزیر، بہادر اور اونچے درجے کے امیر پیدا ہوئے۔

محمدؐ قلی کی گھریلو زندگی

اب تک ہم نے سلطان محمدؐ قلی کی پیدائش، سلطنت کے کام کاج اور اس کے زمانے کی لڑائیوں کے واقعات پر روشنی ڈالی ہے اب ہم اس کی گھریلو زندگی کا کچھ حال سنائیں گے۔ کہتے ہیں کہ محمدؐ قلی کی ماں ہندو تھیں۔ اور یہ بھی مشہور ہے کہ اس کی بیوی ایک ناچنے والی بھاگ متی بھی ہندو تھی۔ جس کے پریم میں سلطان محمدؐ قلی نے شہر حیدر آباد بسایا اور پہلے اس کا نام "بھاگ نگر" رکھا۔ مگر جب بھاگ متی کو "حیدر محل" کا خطاب دیا گیا تو بھاگ نگر کا نام "حیدر نگر" اور پھر "شہر حیدر" یا "حیدر آباد" سے بدل دیا گیا۔

بیٹی کی پیدائش اور شادی

محمدؐ قلی قطب شاہ کو ایک زمانے تک کوئی اولاد نہ ہوئی۔ یہ عجیب اتفاق ہے کہ حیدر آباد بسائے جانے کے بعد شہزادی حیات بخشی بیگم ۱۵۹۲ء میں پیدا ہوئیں۔ اس کی شادی پندرہ سال کی عمر میں محمدؐ قلی نے اپنے بھائی کے بیٹے شہزادہ مرزا محمدؐ سلطان سے ۱۶۰۷ء میں رچائی۔ اس موقع پر ہزاروں روپے پانی کی طرح بہائے اور ایک مہینے تک سرکاری طور پر شادی کی خوشیاں منائے جانے کا اعلان کیا کیونکہ اسے شہزادہ سلطان کو ولی عہد سلطنت

بنانا تھا۔ شادی کے بعد محمد قلی نے بیٹی اور داماد کے رہنے کے لئے ایک بڑا محل تعمیر کروایا، جہاں حیات بخشی بیگم اپنے شوہر کے مرنے تک سن ۱۶۲۵ء تک رہیں۔ حیات بخشی بیگم کے ایک لڑکا سلطان عبداللہ ہوا۔

عبداللہ قطب شاہ کی حکومت کے زمانے میں اورنگ زیب عالمگیر نے حملہ کیا تو حیات بخشی بیگم نے صلح کرانے میں بہت بڑا حصہ لیا۔ چنانچہ وہ عالمگیر سے ملنے کے لئے مغلیہ لشکر میں گئیں اور صلح کی شرطوں کے طے کرنے میں مردوں کی طرح بات چیت کرتی تھیں۔ ۱۶۶۸ء میں منگل کے دن محمد قلی کی اکلوتی بیٹی نے قریب پچھتر سال کی عمر میں انتقال کیا اور اس کے مرنے کے پانچ سال بعد اس کا اکلوتا بیٹا عبداللہ بھی ۱۶۷۳ء میں اپنا جانشین چھوڑے بغیر اس دنیا سے چل بسا۔

محمد قلی کی بیماری اور موت

محمد قلی، قطب شاہی بادشاہوں میں بڑے مرتبے کا حکمران تھا، جس نے اپنے باپ دادا کے مقابلے میں کم عمر پائی۔ اگرچہ دوسری تمام باتوں میں قدرت نے اس کے ساتھ بڑی فیاضی سے کام لیا۔ دل و دماغ کی جتنی اعلیٰ قوتیں اس کو عطا کی گئیں تھیں، کسی اور قطب شاہی بادشاہ کو نصیب نہ ہوئیں، اس کے دور

میں ہمیشہ سکھ چین کی بنسری بجتی رہی۔ جہاں قدرت نے اس پر اتنی مہربانیاں کیں وہیں اُسے نحیف اور کمزور بھی بنا دیا، کچھ تو دنیا کی رنگ ریلیوں کی وجہ سے کمزور ہوگیا اور کچھ کمزوری بیماریوں سے بھی پیدا ہوئی۔ اس کی شاعری میں اکثر جگہ بیماری اور خدا سے صحت کی دعا کا ذکر ملتا ہے اور وہ کہتا ہے ۔۔۔۔"اے خدا! اپنے نبی کے صدقے میں قطب شاہ پر لطف و کرم کرکے دکھ درد کو دور کر اور آرام و شفا بخش! اے محمد قلی! تو اپنی بدقسمتی کی وجہ سے اپنے دل کو رنجیدہ نہ ہونے دے، کیونکہ خدا میں بڑی قدرت ہے، وہ ضرور تجھے صحت کا پیالہ پلائے گا ۔۔۔۔۔"

آخر وہ دن آہی گیا جس کو دور سے دور رکھنے کے لئے محمد قلی قطب شاہ دعائیں مانگا کرتا تھا۔ اکتوبر سال ۱۶۱۱ء میں وہ بیمار پڑا اور ڈھائی مہینے تک بخار کا سلسلہ جاری رہا، جس کے سبب وہ بہت ہی کمزور ہوگیا پھر سنبھل نہ سکا۔ غرض ہفتے کی صبح میں ۱۱ جنوری ۱۶۱۲ء کو اس کی آنکھیں ہمیشہ کے لئے بند ہوگئیں۔ ۴۸ سال کی عمر میں ۳۲ سال، چھ مہینے اور ۲۶ دن تک حکومت کرکے وہ اس دنیا سے رخصت ہوگیا۔

گنبدِ محمد قلی — محمد قلی نے شہر حیدرآباد میں اونچے اور عالی شان محلوں اور چار مینار کے علاوہ

اپنے لیے ایک شاندار گنبد بھی اپنے خاندانی گنبدوں کے قریب گولکنڈہ میں بنوالیا تھا، اسی طرح اس کا گنبد بھی قطب شاہی بادشاہ کے مقبروں میں سب سے عظیم الشان ہے۔ یہ گنبد اِس قدر اونچا ہے کہ دُور دُور سے نظر آتا ہے، اس کا چبوترہ کشادہ اور ہوادار ہے۔ دُوسرے گنبدوں کی طرح چاروں طرف سے مقبروں یا درختوں سے گھرا ہوا نہیں ہے۔ یہی وجہ ہے کہ یہ چبوترا ایک عام تفریح گاہ بن گیا ہے۔ گولکنڈہ کے قریب اور دُور بسنے والے کیا ہندو، کیا مسلمان، کیا مرد، کیا عورتیں سبھی آج بھی اِس کے مقبرے کی زیارت کو کھنچے آتے ہیں اور فاتحہ پڑھ کر مٹھائی بانٹتے ہیں۔

محمدؐ قلی کی نیکیاں

سلطان محمدؐ قلی، نیک دل، سخی اور فیاض تھا۔ اُس نے اپنی زندگی میں سب سے زیادہ رقم عمارتوں کی تعمیر اور عوام کی بھلائی میں خرچ کی۔ اس کے دربار کے خاص انجنیر میر ابو طالب نے لکھا ہے کہ ستر لاکھ کے قریب اخراجات عمارتوں کی تعمیر میں ہوئے۔ ہر سال محرم میں محمدؐ قلی ساٹھ ہزار روپے مجاوروں اور خادموں کے وظیفوں اور ایام عاشورہ کے پکوان میں خرچ کیا کرتا تھا۔ اس کے لئے دسویں محرم کے دن فاتحہ خوانی پر غریبوں اور مستحقین

ہر سال بارہ ہزار روپے تقسیم کیے جاتے تھے۔ اس نے اپنے زمانے میں صرف محرم کے لنگر میں ایک کروڑ چونتیس لاکھ، چالیس ہزار روپے صرف کیے۔

محمد قلی نے اپنے عہد حکومت میں عید میلادالنبی کے انعامات، دعوتوں اور خوشبو وغیرہ کے سلسلے میں دو کروڑ چوبیس لاکھ روپے خرچ کیے اور اتنی ہی رقم خیرات اور صدقے کے طور پر غریبوں اور مسکینوں میں بانٹی۔ اس طرح گیارہ کروڑ روپیوں کا حساب تو تاریخوں میں صاف طور پر درج ہے۔ اس رقم کے علاوہ محمد قلی نے دوسرے موقعوں پر جو انعامات عطا کیے یا خیرات دی، اُس کا کوئی اندازہ ہی نہیں کیا جاسکتا۔

خود شہر حیدرآباد میں کوئی ضرورت مند ایسا نہ تھا، جسے محمد قلی نے کچھ نہ دیا ہو۔ رعایا میں جس کسی کے یہاں شادی یا کوئی اور تقریب ہوتی، اگر وہ بادشاہ کو اس کی اطلاع کراتا تو فوراً انعام و اکرام سے سرفراز ہوتا۔ دُور دُور کے مُلکوں سے جو لوگ حیدرآباد آتے، اُن کو وطن واپس جانے کے لیے کافی رقمیں دی جاتیں اور اُن کی حیثیت کے مطابق خلعت سے نوازا جاتا تھا۔

محمد قلی کے زمانے میں اناج ٹیکس کے طور پر چودہ لاکھ روپے سالانہ وصول ہوتے تھے اور برہمن لوگ اس رقم کی وصولی میں رعایا کے ساتھ بڑی سختی سے

پیش آتے تھے ۔ جب وہ تخت نشین ہوا تو فوراً ہی یہ ٹیکس معاف کر دیا ۔ اس طرح محمدؐ قلی کی دریا دلی اور رعایا پروری نے حکومت کو تقریباً چار کروڑ روپے کی آمدنی سے محروم کر دیا ۔

ایک اور خصوصیت یہ ہے کہ اُس نے اپنے زمانے میں کبھی بھی کسی کے قتل کا حکم نہیں دیا، اگر کبھی کوئی ایسا مُقدمہ پیش بھی ہوا تو اُس پر انصاف کیا گیا اور قانون کے مطابق تصفیہ کر دیا گیا ۔ اس کے وسیع دسترخوان کی دُور دُور تک شہرت تھی، چنانچہ اکثر مُسافر اور سیاح اُس شاہی دسترخوان پر موجود ہوتے تھے ۔ کہتے ہیں کہ اُس کے دسترخوان پر ہر وقت ایک ہزار آدمی کھانا کھاتے تھے اور کسی کو کوئی روک ٹوک نہ تھی ۔

محمدؐ قلی کی شاعری

محمدؐ قُلی نے اپنے بعد جو عظیم یادگاریں چھوڑی ہیں، اُن میں سب سے زیادہ اہم اُس کا اُردو کلام ہے۔ اس کی بنائی ہوئی پتھر، چونے اور اینٹ کی اکثر عمارتیں ڈھ گئیں ۔ صرف حیدر آباد کا چار مینار، بادشاہی عاشور خانہ اور محمدؐ قلی کا گنبد بچ گیا لیکن نہ معلوم اب ان کی عمر بھی کتنی رہ گئی ہے ۔

جیسا کہ محترم ڈاکٹر زور نے اپنی کتاب "سُلطان

محمدؐ قلی قطب شاہ" میں لکھا ہے ......" وہ اُردو کا پہلا محسن تھا، اور اُس نے اس زبان کی ایسے وقت مدد کی جبکہ وہ اُس کی بہت محتاج تھی۔ محمدؐ قلی نے اُردو پر وہ احسان کیا ہے جو بعد کے کسی بادشاہ یا شاعر سے نہ ہو سکا۔ اُس نے نہ صرف اُردو کے شاعروں اور ادیبوں کی قدر کی بلکہ خود بھی اُردو کا ایسا شیدائی تھا کہ اُس زبان میں پچاس ہزار شعر لکھے۔ گویا بارہ سال کی عمر کے بعد سے اوسطاً ہر روز اس نے چار پانچ شعر ضرور لکھے ہوں گے۔ یہ اُردو زبان کی خوش قسمتی نہیں تو اور کیا ہے کہ اس کی سرپرستی میں محمدؐ قلی جیسا بادشاہ رات اور دن مصروف ہو گیا۔ اُس نے ہر رنگ میں شعر کہے ہیں اور اپنے دورِ حکومت کے بہت سے کارنامے اشعار میں عمدگی کے ساتھ لکھے ہیں"۔

محمدؐ قلی قطب شاہ نہ صرف اُردو اور فارسی کا عظیم شاعر تھا بلکہ اُس نے تلگو میں بھی ایک بڑا دیوان چھوڑا تھا۔ اس کا اُردو کلام زندگی ہی میں مقبول ہوا اور اب تک مقبول ہے۔ چنانچہ آج بھی دیہاتی عورتیں مختلف تقریبوں میں اُس کے گیت گاتی ہیں۔ قطب شاہ کے کلام میں عربی، فارسی اور سنسکرت کے مشکل الفاظ نہیں ملتے۔ بلکہ اُس نے آسان اور سادہ زبان میں شعر کہے ہیں۔ مجموعی طور پر محمدؐ قلی قطب شاہ کی زندگی کا ہر ورق

عوام کی خدمت، ہندو مسلم ایکتا اور مشترکہ کلچر کی تعمیر و ترقی سے رنگین ہے۔ بلاشبہ وہ ایک عظیم بادشاہ اور ایک بہت بڑا انسان تھا۔

کسی شاعر نے کیا خوب کہا ہے ؎

"بارے دنیا میں رہو غم زدہ یا شاد رہو
ایسا کچھ کر کے چلو یاں کہ بہت یاد رہو"

بس محمدؐ قلی آج ہم میں نہیں ہے، مگر اُس کے کارنامے اُسے رہتی دنیا تک زندہ رکھیں گے۔

"محمدؐ قلی قطب شاہ، زندہ باد"

محمد قلی
نجم آفندی

وہ پہلا قطب شاہِ عالی مقام   محمد قلی شاہ جس کا ہے نام
اسی نے رکھی اس کی بنیاد ہے   یہ بلدہ جو اب حیدرآباد ہے
یہ ظاہر ہے خود چارمینار سے   بنایا ہے اس کو بڑے پیار سے
دعا اس کو دیتی ہے ہر آتما   بڑا نیک تھا اور دھرماتما
اسے راج کرنے کا آتا تھا ڈھب   بڑے خوش تھے ہندو مسلمان سب
وہ دکھ درد سب کا سمجھتا رہا   وہ دونوں کو اپنا سمجھتا رہا
غزل بھی کہی، مرثیہ بھی کہا   وہ اردو کی بھاشا کا شاعر بھی تھا

اسی سے چلا قطب شاہوں کا راج
منایا ہے دن جس کا جنتا نے آج
دماغ اور دل کی یہ پہچان ہے
یہ سب زورؔ صاحب کا احسان ہے

آخری مصرع میں ڈاکٹر زورؔ کی طرف اشارہ ہے، جن کی کوششوں سے حیدرآباد میں "یومِ محمد قلی" کامیاب طریقے پر منایا گیا۔

تاریخِ حیدرآباد دکن پر

مکرم نیاز

کی مرتب کردہ کتاب

حیدرآباد دکن: کچھ یادیں کچھ جھلکیاں

بین الاقوامی ایڈیشن درج ذیل معروف بک اسٹورس پر دستیاب ہے

Barnes & Noble   Amazon.com   Ebay.com

مکرم نیاز کی دو کتابیں

راستے خاموش ہیں
(منتخب افسانے)

فلمی دنیا: قلمی جائزہ
(تبصرے، تجزیے)

بین الاقوامی ایڈیشن درج ذیل معروف بک اسٹورس پر دستیاب ہیں

Amazon.com   Walmart   Barnes & Noble